AF339006

CHARBON DE TERRE

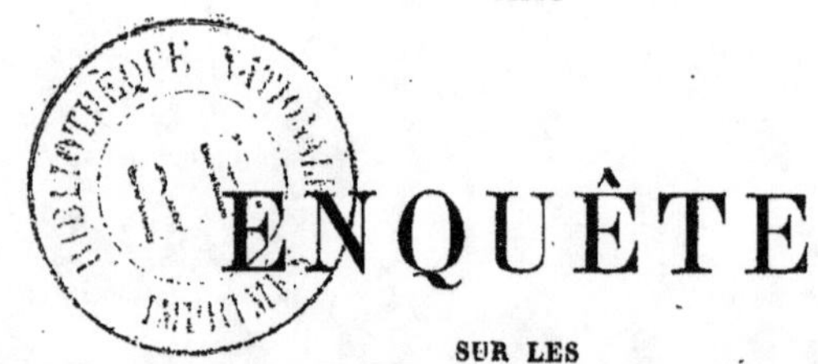

ENQUÊTE

SUR LES

ARRIVAGES DE HOUILLE

PENDANT LA PÉRIODE DU

RAVITAILLEMENT DE PARIS

ET-SUR LES

ABUS AUXQUELS ILS ONT DONNÉ LIEU

DU 30 JANVIER AU 28 FÉVRIER 1871

PARIS

TYPOGRAPHIE ET LITHOGRAPHIE RENOU ET MAULDE

144, rue de Rivoli, 144

1871

ENQUÊTE

Sur les arrivages de Houille pendant la période du Ravitaillement de Paris, et sur les abus auxquels ils ont donné lieu.

DU 30 JANVIER AU 28 FÉVRIER 1871

21 Février 1871.

Dès les premiers jours de l'armistice, le Gouvernement de la Défense Nationale et tous les journaux annonçaient que le ravitaillement de la Capitale avait été consenti sans aucune autre restriction ni limite que la mise en état, par les moyens les plus rapides, des voies de transports, et engageaient le commerce à coopérer au ravitaillement, en lui donnant l'assurance qu'aucune marchandise ne serait à l'avenir réquisitionnée. Il était donc juste et logique de supposer que toutes facilités seraient en même temps accordées, dans une large mesure, à tous les négociants, industriels ou particuliers, d'user de ces voies de transports, en laissant néanmoins aux services publics les plus indispensables un droit de priorité pour les expéditions les plus urgentes.

De l'exécution loyale de ces promesses devait résulter, non-seulement un prompt réapprovisionnement indispensable et profitable à tous, mais

encore, par le rétablissement de la concurrence, le retour dans un bref délai aux prix auxquels les marchandises étaient cotées avant l'investissement.

Pour répondre aux nombreuses plaintes de leur clientèle, les négociants en charbon de terre croient de leur devoir d'exposer au public toutes les démarches qu'ils ont dû faire pour tâcher de mettre un terme aux abus qui privent la population parisienne de charbon de terre, si nécessaire à l'industrie et à tous les besoins de la vie, ou la forcent de payer des prix fabuleux.

A la date du 21 février, de nombreux convois de charbon de terre étaient arrivés en gare de La Chapelle au nom de différents services de l'administration, à l'exclusion des négociants de Paris, mis ainsi dans l'impossibilité, depuis le 30 janvier, de pouvoir répondre à aucune demande de leurs clients, dont les réclamations devenaient de plus en plus pressantes, surtout après cinq longs mois de manque complet de combustibles.

Emus de cette situation, quelques négociants ne pouvant supporter d'être accusés plus longtemps d'incurie, provoquèrent immédiatement une réunion. On décida qu'une démarche serait faite auprès du chemin de fer du Nord, qui déclara qu'aucun wagon ne pouvait être mis à la disposition du commerce, attendu que la Ville de Paris avait *requis* un nombre de wagons supérieur à ce dont il pouvait disposer. En présence d'un pareil fait, on convint qu'un article serait rédigé et publié dans les journaux.

22 Février.

La rédaction de cet article lue dans une deuxième réunion, fut portée au journal *le Figaro*, pour protester contre le monopole qui excluait le commerce de Paris.

M. le Maire de Paris, informé de ce qui se passait, annonça que par ses soins une certaine quantité de charbon de terre serait vendue pour satisfaire les besoins les plus pressants des services publics, de l'industrie, des cantines municipales, des fourneaux, des écoles et des petites industries (n° 1), et il convoqua, le 23 février, à onze heures du matin, notre chambre syndicale.

Les membres de cette chambre exprimèrent à M. le Maire tout leur mé-

---

MAIRIE DE PARIS.
AVIS.

(N° 1). — L'administration du chemin de fer du Nord, généreusement et patriotiquement inspirée, a voulu faire à la population parisienne une part dans les approvisionnements de combustibles qui lui arrivent journellement, et qu'elle avait le droit de réserver exclusivement à ses services.

Elle a cédé au Gouvernement une certaine quantité de charbon de terre, qui permettra de satisfaire, à des prix plus modérés que ceux que détermine la rareté actuelle de la matière, aux besoins les plus pressants des services publics et de l'industrie.

La mairie de Paris s'est chargée de la répartition.

A cet effet, une double distribution est organisée.

La mairie de Paris a provoqué, dans chaque arrondissement, la formation d'un ou de plusieurs chantiers municipaux, dès aujourd'hui pourvus de combustible pour les besoins des cantines municipales, des fourneaux, des écoles et des petites industries.

Les demandes de cet ordre ne doivent pas dépasser 500 kilogrammes. Les maires des arrondissements les reçoivent et les apprécient.

Quant à l'industrie, dont il importe de faciliter la reprise dans le plus court délai, elle trouvera un premier aliment de charbon de terre dans les entrepôts que la Ville a organisés, avec le concours de l'administration du chemin de fer du Nord.

Ces entrepôts sont ouverts, dès aujourd'hui, à la gare de la Chapelle (chemin de fer du Nord).

Les industriels qui auront besoin de charbons s'adresseront par écrit à la mairie centrale (Hôtel de Ville). Ces demandes ne pourront être inférieures à mille kilogrammes; elles ne pourront dépasser les besoins de dix jours de travail; elles devront être visées par la chambre syndicale de l'industrie spéciale à laquelle elles se rattacheront, et contrôlées par la mairie centrale, qui délivrera, en échange, des bons de livraison sur la gare du Nord.

Dans ces conditions, le charbon sera vendu au prix de 40 francs les 1,000 kilogrammes pour le charbon tout-venant ou les briquettes, et de 50 francs pour la gailleterie.

Le chemin de fer du Nord est en mesure de livrer les quantités représentant *un ou plusieurs wagons complets* aux gares du chemin de fer de ceinture indiquées par l'acheteur.

**

contentement de voir les services publics s'emparer du marché de charbon au détriment du commerce, de l'industrie, et de tous les consommateurs. — De plus, à l'appui et comme preuve, ils lui dénoncèrent :

1° Que la plus grande partie des wagons arrivant à l'intendance militaire, au nom de M. Gley, chef de division, étaient revendus à un prix exagéré par M. Pagès ;

2° Que MM. Dehaynin père et fils avaient reçu 70 à 80 wagons portant l'étiquette *Hôpitaux de Paris* ;

3° Que M. Charles Lalou, chef de bureau à la Ville de Paris, mandataire des mines de Bruay, avait indûment et sans autorisation de MM. Way et L. Lévy, délégués de la Mairie de Paris pour les approvisionnements en farine, avait, disons-nous, fait venir sous leur couvert cinquante et un wagons, croyant pouvoir se les approprier à l'arrivée.

M. le Maire de Paris affirma qu'il n'avait autorisé qui que ce soit à se servir de son nom pour faire parvenir aucun wagon de houille à Paris ; qu'informé par MM. Way et L. Lévy de l'abus de leurs noms fait par M. Ch. Lalou, avant l'arrivée des wagons, il les avait fait saisir; qu'il déclarait à M. Euryale Dehaynin, chef de la maison Dehaynin père et fils, que son charbon restant en gare, soit quarante wagons, serait également saisi pour avoir emprunté indûment le titre , « *hôpitaux de Paris* », afin de faire parvenir par privilége les wagons qu'il avait fait charger ; qu'il s'engageait à saisir également tous les charbons arrivés sous le couvert des autres administrations de l'Etat, si MM. les ministres de la guerre,

---

Dans ce cas l'acheteur payera le transport, de la gare du Nord aux gares du chemin de fer de ceinture, au tarif ordinaire des compagnies.

Dans les chantiers municipaux d'arrondissement, le prix de vente sera, en raison des frais spéciaux de la vente au détail, de 48 francs les 1,000 kilogrammes pour le charbon tout-venant, et de 58 fr. pour la gailleterie.

Le transport à domicile demeure à la charge de l'acquéreur et devra être fait par ses soins.

Paris, le 22 février 1871.

Le maire de Paris,
JULES FERRY.

des travaux publics, de l'agriculture et du commerce voulaient y con—
sentir.

En présence de ses collègues, M. E. Dehaynin a été autorisé par M. le
Maire de Paris à revendre directement les quarante wagons qui lui res-
taient, moyennant une indemnité de deux mille francs à verser de suite
dans la caisse municipale. A la suite de cette décision, parut dans
le journal *la Patrie* du 26 février, l'article ci-dessous dont nous laissons
l'appréciation au lecteur (N° 2).

M. le Maire s'engagea également à faire effectuer la vente di-

---

(Extrait du journal *la Patrie* du 26 février 1871.

(N° 2). — L'incapacité de M. Jules Ferry, maire de Paris, est devenue proverbiale. Elle
n'est égalée que par sa suffisance et un aplomb que rien ne saurait troubler. La presse
est unanime à protester contre le despotisme administratif de cet avocat, qui, non content
d'avoir fait mourir de froid ses administrés durant le siége, vient aujourd'hui exercer des
réquisitions illégales sur les charbons et les frapper de taxes absolument arbitraires.

Dans une lettre insérée ce matin à l'*Officiel*, que nous reproduisons plus loin, M. Jules
Ferry essaie de répondre aux légitimes réclamations que soulèvent de toutes parts ses
fantaisies administratives, et il tente de justifier les mesures iniques qu'il vient de prendre
relativement à la vente des charbons.

La lettre du Maire de Paris ne détruit en aucune façon les reproches fondés qui lui sont
adressés; elle est bourrée d'affirmations hautaines, mais elle n'est nullement probante.
M. Jules Ferry aura beau dire : « que si l'administration a beaucoup taxé, beaucoup ré-
« quisitionné, ce n'est pas pour son plaisir; que les mesures de ce genre atteignent tou-
« jours quelques intérêts, et dès lors, qu'elles entraînent avec elles des responsabilités
« que l'on subit parce que c'est le devoir, mais qu'on ne recherche pas », personne n'ajou-
tera foi à cette feinte compassion. Nul moins que M. Ferrry ne s'est soucié des devoirs
qui lui incombaient; ses innombrables fautes administratives en sont la meilleure preuve.
Quant au fardeau de ces responsabilités « que l'on subit, mais qu'on ne recherche pas »,
M. Jules Ferry sait mieux que quiconque qu'il l'a recherché, désiré, convoité, et que lors-
qu'il s'en est emparé, il en a porté le poids avec une légèreté de désinvolture tout à fait
surprenante chez ce puritain de la veille.

Quant au fait même qui nous occupe, c'est-à-dire la taxe et la réquisition des charbons, il est très-exact que M. Jules Ferry en use à cet égard avec le despotisme le plus
absolu.

Ces jours-ci, un négociant de charbons était parvenu, grâce à ses soins diligents, à
acheter près de Charleroi, en Belgique, cinq cents wagons pleins de houille, qu'il fit diri-
ger aussitôt sur Paris. Les agents de l'administration municipale, toujours négligents selon
leur habitude, arrivèrent trop tard pour conclure le marché. Furieux d'avoir été devancés,

recte des charbons saisis, aux prix et conditions de la circulaire du 22 février (n° 3) ; il décida, pour arrêter momentanément le bénéfice illicite prélevé sur tous les charbons qui avaient pu arriver sous différentes dénominations administratives, et revendus par MM. Pagès, Dehaynin et autres, il décida, disons-nous, d'accord avec la majorité des membres de la Chambre syndicale, que les prix seraient fixées comme suit :

Charbon criblé, 50 f.

Tout venant, 40 f.

les mille kilos en gare à La Chapelle, *octroi non compris.*

Après cette entrevue avec M. le Maire de Paris, la Chambre syndicale arrêta qu'une séance extraordinaire serait convoquée d'urgence pour le

---

ils frappèrent d'une taxe très-peu rémunératrice les charbons du négociant dont nous parlons, dont le seul tort était d'avoir été plus diligent que M. Jules Ferry.

Du reste, le vindicatif Maire de Paris ne se tint pas satisfait à si bon compte : de son autorité privée, il infligea, à propos d'une formalité mal observée, une amende de deux mille francs au négociant de charbons ; cette amende fut perçue presque aussitôt, au nom même de M. Jules Ferry.

Ce sont là des faits certains, incontestables, auxquels M. Jules Ferry se contente d'opposer les vagues réponses contenues dans la lettre que nous publions plus loin.

(Extrait du *Journal Officiel.* — Paris, le 22 février 1871.)

(N° 3) — Certains marchands de charbons, usurpant pour la facilité de leurs expéditions le titre de fournisseurs ou de délégués de la Mairie de Paris, ont fait arriver en gare, à Paris, des convois de combustible, qu'ils ont mis immédiatement en vente, à des prix exorbitants. Le commerce des charbons s'en est ému, à juste titre.

L'administration n'est pas moins intéressée que le négoce à réprimer les abus de ce genre ; aussi a-t-elle immédiatement ouvert une enquête. Le Maire de Paris et le directeur de la Compagnie du chemin de fer du Nord ont tenu à constater les faits par eux-mêmes. Ils ont reconnu qu'en effet des charbons acquis par l'industrie privée avaient pu profiter, par surprise, du privilége que les compagnies de chemin de fer accordent au ravitaillement de la capitale, en passant sous le couvert des services municipaux. Avis est donné aux négociants peu scrupuleux qui seraient tentés de recourir à cette manœuvre déloyale, qu'ils n'en tireront aucun profit : réquisition a été faite au nom de la Ville de Paris de tous les combustibles qui parviennent dans les gares sous l'étiquette de la Mairie, des services municipaux, des hospices ou de toute autre administration publique, et l'arrêté de réquisition a été, dès ce soir, mis à exécution.

lendemain 25, à une heure et demie, à son siége ordinaire, boulevart de Sébastopol, 82.

Séance du 25 février 1871.

La séance est ouverte à deux heures.

Sont présents, MM. :

Euryale   DEHAYNIN, *président.*
Eugène   PETIT, ⎫
Léon   LÉVY, ⎭ *vice-présidents.*
Louis   OLIVIER, *secrétaire.*

Favréaux, Maupaté, Moutié, Nicolas, Nozal, Paquot, Steneecke, membres du bureau.

Absents : MM. Darbonneins, Pagès, Piret.

Assistants, à titre officieux :

MM. Chapuis, Niel, marchands de charbons ;

Alriq, représentant de charbonnage ;

Après l'exposé des démarches antérieures qui ont nécessité cette réunion extraordinaire, deux membres demandent à M. le Président qu'une commission soit nommée immédiatement pour rechercher dans toutes les gares de chemins de fer, à quel titre et par quel privilége avaient pu arriver un aussi grand nombre de wagons, à l'exclusion, non-seulement des négociants en charbon de terre, mais aussi de tous les demandeurs en général, afin de connaître les abus qui ont amené une vente illicite et onéreuse pour tous, au profit de deux ou de trois négociants.

Malgré le refus de M. E. Dehaynin, qui déclare plutôt donner sa démission et de président et de membre du bureau, si pareille motion est acceptée, ladite proposition est votée à l'unanimité par tous les autres membres du bureau qui nomment une commission composée de :

MM. Eugène Petit ;

Léon Lévy ;

Moutié ;

Steneecke ;

Louis Olivier, *secrétaire.*

Après la nomination de la commission et après différents débats avec M. Dehaynin, qui avait conservé le fauteuil de président, la chambre entière charge la commission de se rendre immédiatement auprès de M. le Maire de Paris pour lui demander toutes les explications qui seraient nécessaires à son rapport.

La Commission est introduite auprès de M. le Maire qui lui offre son concours, et elle reçoit l'assurance que les prix de l'arrêté du 23 seront rigoureusement appliqués (N° 4), malgré le refus de M. Pagès de s'y conformer ; qu'informations plus amples seront prises auprès des différents ministères pour éviter la fraude qui pourrait résulter si certaines personnes avaient fait voyager ou pouvaient faire voyager, sans autorisation ministérielle, des marchandises par privilége, et vendues indûment par agents subalternes.

La Commission demande à M. le Maire qu'il veuille bien, après les

---

MAIRIE DE PARIS.

(N° 4) — Le Maire de Paris,

Considérant que les priviléges accordés par la Compagnie du chemin de fer du Nord, dans l'intérêt du ravitaillement de Paris, aux expéditions de combustibles faites à l'adresse de la Mairie de Paris ou des divers services municipaux, peuvent donner lieu à des abus ;

Qu'il importe de rétablir le plus tôt possible l'égalité de traitement entre tous les expéditeurs, qu'ils opèrent pour le compte du service public ou pour l'industrie privée ;

Que des instructions formelles ont été données à la Compagnie du chemin de fer du Nord, pour qu'il soit fait désormais une répartition équitable du matériel de la fournitures nécessaires aux services des administrations publiques, cesser toutes ventes directes faites par ses soins, et vendre par adjudication publique à la population parisienne tous les charbons disponibles dans les différentes gares, la Commission s'engageant, au nom de ses collègues, pour la part qu'ils pourraient acquérir, à ne pas dépasser le prix fixé par la circulaire du 22 février.

M. le Maire a cru devoir maintenir pour quelques jours, et jusqu'à épuisement d'achats faits par lui, la vente des charbons arrivés, avec promesse de télégraphier le même soir à tous les chefs de gare, têtes de lignes, de suspendre toute espèce d'envois avec privilége d'aucune administration publique, de les reverser s'il y a lieu, au commerce entier, sans avoir à tenir compte de toute réquisition antérieure.

Après cette visite à M. le Maire, la Commission a vu avec regret que de nouveaux et nombreux abus continuaient dans toutes les gares de Paris, et elle a pu recueillir une lettre officielle de M. le Chef de gare de Boulogne-sur-Mer, à la date du 24 février, six heures du soir, à M. Sauvage, lui déclarant qu'aucun envoi de houille ne pouvait être fait, à destination de Paris, sans un mandat spécial, soit d'un des services de l'État, soit de la Ville de Paris.

En présence de pareils faits, et voyant le commerce entier de la Ville de Paris privé de tout envoi direct de houille pour les besoins pressants

---

Compagnie entre les divers négociants et marchands de charbon, sans tenir compte des ordres antérieurs;

Qu'il reste à établir le prix de vente des charbons dans la gare du Nord.

Sur l'avis conforme de la Chambre syndicale des marchands de charbons,

ARRÊTE :

Art. 1er. À partir de ce jour, les charbons de terre ne pourront se vendre dans la gare du Nord à un prix supérieur à 50 fr. pour la gailleterie et à 40 fr. pour le tout-venant et les briquettes (*octroi non compris*).

Art. 2. Les contrevenants seront passibles des peines édictées par les lois.

Paris, le 23 février 1871.

JULES FERRY.

de la population parisienne, malgré les offres incessantes de toutes les Sociétés françaises, belges, anglaises, contrariées de ne pouvoir expédier leurs produits ; en présence des préjudices résultant de la vente directe faite par la Ville de Paris qui cherche à écouler des charbons à la gare du Nord, et ne peut les livrer par suite de l'insuffisance des moyens de transports, des prétentions toujours exagérées, et comme prix et comme camionnage de M. Pagès, distributeur des charbons arrivant au nom de l'Intendance militaire ; la Commission a cru devoir se rendre de nouveau auprès de M. le Maire de Paris, et lui demander pourquoi, malgré son ordre du 23 février, à onze heures du matin, les chefs de gare de différentes lignes du Nord se refusaient à faire toute expédition n'émanant pas d'un service public, et comment M. Louis Menne, agent de charbonnages à Charleroi, se trouvait porteur, par l'entremise de M. de Ghistelle, d'un ordre signé J. Ferry, Maire de la Ville de Paris, autorisant à expédier, par urgence et privilége, six mille tonnes charbon tout-venant à M. Vabre, marchand de charbon, colonel de la Garde Nationale et commandant de l'Hôtel-de-Ville, et mettait M. Ledoux, distributeur des wagons à la gare de Charleroi, dans l'impossibilité d'expédier aucun wagon au commerce, à la date du 20 février.

M. le Maire reconnaît avoir confié ce mandat à M. Vabre dans les premiers jours du ravitaillement de Paris, par suite d'un achat fait par lui à M. Vabre de 6,000 tonnes, au prix de 30 francs les mille kilos rendus à la gare de la Chapelle sur wagon, pour être revendues par les soins de la Ville de Paris ; plus avoir acheté 10,000 tonnes cédées au même prix par la Compagnie du chemin de fer du Nord ; mais il déclare renoncer, dès ce jour, à tout envoi fait ou à faire à son administration.

M. le Maire a promis également son concours auprès de MM. les ministres de la Guerre, des Travaux publics, de l'Agriculture et du Commerce, pour arrêter tous les envois qui pourraient leur être faits, et rendre liberté illimitée au commerce parisien pour les expéditions de houille.

26 Février 1871.

La Commission a cru de son devoir, en raison des promesses de M. le Maire de Paris, de se rendre, à 9 heures du matin, chez M. le ministre du Commerce de l'Agriculture, en son absence M. Ozenne, et de lui demander s'il avait commandé des wagons de houille pour son service. — M. le secrétaire général, faisant les fonctions de ministre, a déclaré que non seulement il n'avait acheté ni autorisé à acheter aucun wagon de houille pour son ministère, mais encore il promettait que si un agent avait abusé du couvert de son ministère pour en faire parvenir à Paris, il autorisait M. le Maire de Paris à saisir les charbons arrivés ou devant arriver, et désirait qu'ils fussent vendus en adjudication publique.

Après cette visite, la Commission s'est rendue au ministère de la Guerre où elle a été reçue par M. Blondeau, chef de division à l'intendance militaire ; ne pouvant se contenter des explications fournies par M. Blondeau, la Commission a insisté pour s'informer au près du ministre par intérim, M. le général Suzanne, à qui elle a exposé les nombreux abus résultant du commerce fait par M. Pagès de tous les charbons achetés par l'intendance militaire, et recédés à M. Ouvré, qui aurait dû les affecter au service de la troupe, et n'avait le droit à aucun titre de les revendre à la population parisienne.

M. Suzanne a promis de faire dresser l'état exact des charbons distraits du service militaire, afin que nous pussions constater la valeur du délit, et plus tard demander compte à qui de droit des dommages causés à la population parisienne.

La Commission a fait part à M. le Maire de Paris de ces visites auprès des deux ministres, et l'a prié de confirmer à tous les chefs de gare l'exécution de ses ordres ; — de saisir non seulement dans la gare de la Chapelle, mais dans toutes les gares d'arrivages les charbons venant au nom des différentes administrations ; — lui demandant également de supprimer, dans le plus bref délai, la vente faite par ses soins. Malgré notre insistance de fixer la date du 1er mars, M. le Maire n'a pas cru devoir s'y engager, nous promettant, toutefois, que peut-être avant le jour demandé, les charbons acquis par la Ville de Paris, seraient écoulés, et que la liberté commerciale reprendrait son cours.

Ne pouvant insister davantage, la Commission a remercié M. le Maire de ses explications tout en lui demandant aide pour l'éclairer sur toutes les questions qui pourraient survenir ; lui faisant connaître d'avance que le mandat de la Commission lui imposait de faire un récit fidèle de toutes les opérations qui avaient eu lieu pour ravitailler Paris en charbon de terre, espérant que toutes les chambres syndicales travailleraient également pour édifier le public sur les enquêtes qui devront être faites dans le même but.

Avant de terminer, nous devons faire connaître les quantités de charbon de terre expédiées du 5 au 26 février, ainsi que les noms des réceptionnaires, afin que l'on puisse apprécier le tort causé à la population par les achats de la Ville de Paris, de l'Intendance militaire, etc., par le détournement de leurs destinations des wagons arrivés au nom des administrations, et constater ainsi les abus qui ont pu en résulter :

Le chemin de fer du Nord (dont 5.000 livrées à la Ville de Paris)...	12.900 tonnes
La Compagnie du gaz...............................	4.870 —
Le Ministère du Commerce...........................	2.080 —
Le Ministère de la Guerre, Intendance et subsistances militaires...	5.660 —
Assistance Publique	600 —
Way et L. Lévy, comme délégués (Charles Lalou)..	510 —
De Passy, — (Commission des Combustibles)..	400 —
De Genest, —	160 —
Dehaynin, père et fils, —	1.640 —
Pagès, —	140 —
Bouton, —	1.160 —
Divers (plus de 30 destinataires).................	2.870 —
Total........	32.990 tonnes

D'après une note qui nous est communiquée, les expéditions faites de Boulogne par Flageolet frères à Picard et à eux-mêmes, sont comprises dans le dernier chiffre de 2,870 tonnes et ont été livrées, dit-on, au Ministère du Commerce.

Des arrivages ayant le même caractère officiel ont eu lieu par les gares de chemin de fer de Lyon et d'Orléans.

En attendant que la lumière se fasse, nous demandons dès à présent :

A quel titre la Mairie de Paris s'est crue autorisée à acheter 6,000 tonnes à M. Vabre, pour les revendre à la population parisienne en dehors du concours du commerce ?

Pourquoi dans les mêmes conditions et pour le même but, elle a acheté à la Compagnie du chemin de fer du Nord 10,000 tonnes à un prix aussi onéreux pour elle ?

Pourquoi M. Chagot, Directeur de la Compagnie de Blanzy, au lieu de vendre, suivant l'usage, son charbon sur le carreau des Fosses, a fait arriver à Paris 3,000 tonnes vendues en gare de 65 à 100 francs la tonne de mille kilos ?

Pourquoi M. l'Intendant général militaire a absorbé et réquisitionné, dans une aussi forte proportion, le matériel de tous les chemins de fer, et à quel titre il a fait arriver une quantité de charbon bien supérieure à celle qui était nécessaire à ses services, pour les vendre ou les faire revendre par M. Pagès ?

Pourquoi M. de Passy, directeur de la Commission des Combustibles, Ministère de la Guerre, a revendu les 400 tonnes arrivées en son nom ?